Charles Ernest Beulé

Les Vases chinois et les Vases grecs

Beaux-Arts

 Le code de la propriété intellectuelle du 1er juillet 1992 interdit en effet expressément la photocopie à usage collectif sans autorisation des ayants droit. Or, cette pratique s'est généralisée dans les établissements d'enseignement supérieur, provoquant une baisse brutale des achats de livres et de revues, au point que la possibilité même pour les auteurs de créer des œuvres nouvelles et de les faire éditer correctement est aujourd'hui menacée. En application de la loi du 11 mars 1957, il est interdit de reproduire intégralement ou partiellement le présent ouvrage, sur quelque support que ce soit, sans autorisation de l'Éditeur ou du Centre Français d'Exploitation du Droit de Copie , 20, rue Grands Augustins, 75006 Paris.

ISBN : 978-1976539893

10 9 8 7 6 5 4 3 2 1

Charles Ernest Beulé

Les Vases chinois et les Vases grecs

Beaux-Arts

Table de Matières

Section I   6

Section II   21

Section I

Un peuple a toujours tort de se laisser représenter sous des traits grotesques : les étrangers le prennent au mot, ils jureraient même que l'original est flatté, comme les gens que l'on marie à distance et qui s'étudient sur portrait. Cette réflexion ne m'est point inspirée par les caricatures où les Parisiens sont ravis de se reconnaître, ni par les vaudevilles bouffons où les étrangers observent gravement nos mœurs. Je pense aux Chinois, qui nous envoient à travers les mers leur type répété à l'infini, type plein de finesse, mais ridicule, souriant, maniéré, et surtout contrefait.

Les savants qui veulent décrire les habitants du Céleste-Empire ne consultent point les laques et les porcelaines. Le public ne voit guère de Chinois que sur les vases, il les voit peints par eux-mêmes, il retrouve partout un certain idéal, — une tête ronde, de larges oreilles, une seule mèche de cheveux, des yeux fendus jusqu'aux tempes, une bouche grimaçante, un gros ventre, des gestes propres à exciter le rire, des vêtements éclatants et vides sous lesquels des formes sans proportions sont à peine indiquées. Cet idéal est peu fait pour toucher la race caucasienne, elle en plaisante, et, pour le désigner, le Français impitoyable emploie volontiers le nom de *magot*. Les Chinois sont des magots, c'est ce qu'on sait de plus net sur la Chine. Le mot répond à tout et justifie jusqu'à notre ignorance. Qu'importe une civilisation aussi vieille que le monde ? qu'importent des institutions dont les siècles n'ont point altéré le respect ? qu'importe un génie inventif qui a devancé l'Occident et découvert avant lui la boussole, la poudre à canon, l'imprimerie ? L'histoire de la Chine nous laisse indifférents, ses malheurs mêmes nous égaient. Quand les journaux rapportent que plusieurs milliers de rebelles ont été coupés en trente-deux morceaux, ces atrocités semblent surtout bizarres : pour être notre prochain, un Chinois est trop loin ; pour être notre semblable, il est trop laid.

Voilà pourtant ce qu'une nation risque à se peindre trop naïvement. Au lieu de se livrer aux fantaisies maladroites de ses artisans, elle doit demander à l'art de résumer son type, d'en saisir les traits les plus favorables, de lui constituer une beauté que la nature produit rarement dans une lumière complète. La Grèce au contraire a bien compris la nécessité de cette prévoyance, qui répand le respect autour d'une race, de même que les représentations magnifiques soutiennent la majesté des rois. Il n'est point déraisonnable de comparer deux extrêmes qui se touchent par un point. Les Chinois sont aussi éloignés de nous par l'espace que les anciens Grecs par le temps : six mille lieues valent deux mille ans. Ce que Racine disait des Turcs dans sa préface de *Bajazet* n'est plus vrai des Turcs, aujourd'hui que Constantinople est un port européen ; mais cela est vrai des Chinois : ils ont pour nous le prestige de l'antiquité, c'est-à-dire de l'inconnu. Or les Grecs ont fabriqué des vases peints avant les Chinois, ils en ont fabriqué pour tous les usages ; leur commerce les portait jusque dans les colonies les plus reculées. Déposés dans les tombeaux, ces vases se retrouvent aujourd'hui par milliers ; les musées de l'Europe en sont remplis, les particuliers se les disputent au poids de l'or. Cependant ils n'offrent ni la belle pâte, ni les couleurs éclatantes, ni l'émail transparent de la porcelaine chinoise : un peu d'argile rougi par la cuisson, quelques lignes pour tracer les figures et les ornements, un vernis noir sur les fonds, rien de plus simple que les procédés de l'industrie hellénique. Seulement cette industrie se rattachait à l'art par les liens les plus étroits : de là sa grandeur. Elle empruntait à l'art ses compositions et son style ; elle était exercée quelquefois par de véritables artistes, qui signaient leurs œuvres. Les figures sont belles, savamment dessinées, d'une proportion noble. Les dieux, les prêtres, les vieillards appuyés sur leur bâton, les guerriers mourants, les jeunes gens dans le gymnase, les vierges à la fontaine, les enfants poussant leur balle ou leur cerceau, les personnages des scènes familières aussi bien que ceux des tableaux héroïques, — tous révèlent, malgré la rapidité du pinceau, je ne sais quel instinct de l'idéal ou quelle science des modèles déjà créés qui reproduit sur les vases les plus simples des types admirables, de sorte que, si les antiques des musées venaient à périr, si Pompéi et ses dépouilles recueillies à Naples étaient ensevelies de nouveau par le Vésuve, si nos petits-fils retournaient à la barbarie, les vases seuls suffiraient pour assurer à la nation grecque l'honneur immortel de sa beauté. Ses détracteurs en seraient toujours réduits à ne critiquer que sa perfection trop constante, et Faust, après avoir éprouvé le néant de tout ce que l'homme rêve, souhaiterait encore, pour ivresse suprême, de rappeler Hélène à la vie et d'être son époux.

Telle est la différence de nos impressions sur deux peuples qui ont multiplié à plaisir leurs images, celui-là en se calomniant, celui-ci en se divinisant. Assurément les Chinois sont moins laids, les Grecs étaient moins beaux ; mais pourquoi les uns tournent-ils tout en caricature ? pourquoi les autres ont-ils su tout ennoblir ? Pourquoi l'esprit positif des Chinois se rit-il du lendemain de la vie, tandis que dans leur vanité sublime les Grecs semblent avoir posé sans cesse pour la postérité ? Il faut croire à l'inégalité providentielle des races : les degrés de leur beauté marquent peut-être les degrés de leur intelligence. Entre l'angle facial de la race blanche et celui de la race noire, Il y a une échelle à laquelle correspondent les dépressions du cerveau : en haut on trouve l'Apollon du Belvédère, en bas le singe. La race jaune n'est qu'au second rang ; comment donc avec cette solidarité étroite de l'esprit et du corps, problème qui échappe à l'homme, comment décider si chez elle les types ont plutôt manqué à l'art, ou l'intelligence aux artistes ? Un voyageur me racontait qu'étant en Chine, il avait voulu se procurer quelques-unes des peintures aux tons éclatants, aux détails minutieux, qui reproduisent si fidèlement les traits et les costumes des habitants du pays. Il prit un peintre chez lui, convint du prix, fixa une tâche qui devait être accomplie en quinze jours : au bout de treize, tout était terminé. Alors le peintre, interrogé sur l'emploi des dernières journées, offrit au Français de nettoyer sa maison et de balayer sa cour. On eût fort surpris cet honnête homme en lui parlant de la dignité de l'art. En effet, je ne vois chez les Chinois rien qui mérite le nom d'art, dans le sens élevé du mot : je ne vois que de l'industrie. Ne cherchez pas des peintres ou des sculpteurs, il n'y a que des artisans.

Les principes du beau ont une source plus haute que les perceptions des sens. Toutefois, si ce peuple matérialiste voulait s'en tenir à la seule expérience, il pouvait trouver dans l'interprétation de sa propre nature des généralités heureuses, des grâces qui n'attendaient que d'être dégagées, un type digne d'être créé. Cette pensée me retenait arrêté dernièrement devant un petit Chinois de neuf à dix ans qui fumait, mais non pas encore de l'opium. J'observais sa figure, singulièrement fine, où la ruse se mêlait à l'apathie ; la lumière qui se jouait sur les plans n'était que superficielle, parce qu'elle n'était point le reflet intérieur de l'intelligence : cependant c'était de la lumière. La délicatesse des traits, encore féminins, n'était point sans charme ; les yeux, relevés et bridés vers les angles, avaient quelque chose de caressant à la fois et de perfide ; le nez, court plutôt qu'aplati, empruntait à sa petitesse l'air spirituel qu'ont les satyres et les chèvres ; la peau, sans transparence, d'un ton égal et comme doré, avait les qualités harmonieuses que nous prisons tant sur les visages méridionaux. Enfin, d'après un échantillon mis sur mon chemin par le hasard, je croyais démêler les beautés que la race jaune peut offrir aux véritables artistes. Mais pourquoi parler de beautés ? Le grand art sait s'en passer, puisqu'il les crée : en imitant librement la nature, il lui imprime son sceau magnifique, qui est le style. Le style transforme les monstres eux-mêmes ; il les revêt d'une beauté qui lui est propre. Les Grecs l'ont admirablement prouvé : leur monde fantastique est un divin rêve, tandis que celui des Orientaux est le délire de la difformité. Je voudrais que M. Ingres peignît des Chinois. Alors seulement nous saurions de quel caractère leur laideur est susceptible, et jusqu'à quel point l'art peut les transfigurer.

Quant aux œuvres des Chinois eux-mêmes, elles dénotent par fois un mérite d'exactitude qui ne doit inspirer de jalousie qu'aux photographes. Leurs portraits tant vantés, où les détails du visage sont rendus avec un scrupule inintelligent, où les rides et les poils de la barbe sont comptés au pinceau, où la ressemblance est d'une minutie qui fait rire, quand elle ne dégoûte pas, ce n'est pas de l'art, c'est de l'industrie. La pensée est étrangère à ces tours de force : la main en a tout l'honneur. En vain j'entends de bons juges s'extasier, je ne puis voir là que le chef-d'œuvre d'un artisan, chef-d'œuvre à la façon du moyen âge, dont la naïveté seule nous touche, et qui n'atteste d'autre génie que celui de la patience.

Quelles que soient la fécondité et la souplesse de l'esprit chinois, il manque d'élévation ; il ne ressemble en rien à l'intelligence supérieure qui anime les sociétés fondées par la race indo-européenne. Un peuple qui ignore les inspirations fières du spiritualisme, le sentiment de l'infini, l'amour de la beauté qui se poursuit toujours, ne saurait atteindre à une grandeur véritable ni dans les lettres ni dans les arts. Uniquement appliqués à la pratique de la vie, les Chinois ne sortent point du cercle étroit de l'expérience ; leur âme n'a pour horizon que l'utile, les jouissances matérielles, les caprices stériles de la fantaisie, de même que le maintien du passé fait toute leur sagesse, et le culte des ancêtres toute leur religion. Aussi l'art n'est-il pour eux qu'un enchaînement d'inventions techniques et de routine : son but est de satisfaire les besoins, d'ajouter le luxe au bien-être, de contribuer aux splendeurs du commerce ; mais la recherche désintéressée des principes, l'étude dans le secret de l'atelier, les douleurs généreuses du génie, le feu sacré que le Prométhée des Grecs dérobait au ciel, il n'y a point de cases pour ces instincts sublimes dans le cerveau d'une peau jaune. L'idéal n'habite point sous un angle de 65 degrés. Ceux qui ont eu l'honneur d'être appelés à Sans-Souci par un roi archéologue se souviennent peut-être d'avoir été servis par un Chinois. Ils étaient deux jadis, pauvres jeunes gens amenés en Allemagne par un Barnum qui exploitait la curiosité publique. Rachetés par Frédéric-Guillaume, ils furent placés dans une université prussienne, auprès de professeurs distingués. Malheureusement ni les lumières de la science ni celles des lettres ne purent pénétrer des natures qui n'étaient point faites pour les concevoir. Ces tristes adeptes finirent par demander grâce au prince : ils descendirent avec joie dans les honteux loisirs de la domesticité. Ils eussent fait merveille sans doute, si on leur eût appris à découper des éventails ou à cultiver des arbres nains. Parmi tant de milliers d'enfants que nos missionnaires en Chine ont sauvés de la mort et élevés à leur guise, qu'ont-ils obtenu, sinon des chrétiens médiocres et des hommes plus médiocres encore ? On a bien raison de fermer le Céleste-Empire aux étrangers : le jour où nos idées l'envahiront, il s'affaissera, comme le Mexique et le Pérou se sont affaissés au contact de la civilisation européenne. Ainsi certaines espèces d'animaux disparaissent d'un continent à mesure que l'homme s'y avance. L'antipathie des races (je donne au mot son sens le plus précis) est une loi de la création, et leur mélange est frappé d'impuissance : Babel est la démonstration d'une vérité philosophique.

Il n'y a en Chine, à proprement parler, que des industries, c'est-à-dire des applications professionnelles de l'art ; seulement ces industries brillent d'un éclat très-vif, parce que l'art, qu'elles ont absorbé, leur communique à leur insu la délicatesse, l'élégance, le goût de la richesse, et surtout de la décoration. On a remarqué chez les Grecs l'irrésistible rayonnement des arts, qui s'est étendu jusqu'aux fabrications les plus viles. Tous les meubles de Pompéi dénotent un sentiment exquis de la proportion, de la ligne, de la forme ; les détails d'ornementation sont empruntés directement aux plus beaux motifs de l'architecture ou de la sculpture. Les ustensiles de ménage participent à ce noble caractère, et je vois d'ici, au palais de Naples, telle écumoire dont Vatel n'eût pas osé se servir, et que le dernier des cuisiniers raillés par Plaute plongeait dans la marmite journellement. Les Chinois peuvent être comparés aux Grecs par ce côté, bien que les deux effets aient eu dans les deux pays des causes opposées. Tout ce qu'ils fabriquent porte un cachet d'art, superficiel, mais incontestable ; leurs métiers les illustrent, et les œuvres de leurs artisans ressemblent parfois à des œuvres d'artiste. Aussi la porcelaine, leur titre principal à notre admiration, donne-t-elle la mesure la plus juste de leur talent naturel pour la peinture. Dans les petites choses, il faut un peu d'instinct et beaucoup de routine : leur habileté à décorer de la pâte de kaolin durcie au feu n'a jamais été surpassée par les fabriques célèbres que leur exemple a suscitées sur notre continent. C'est pourquoi je ne crois point faire un honneur trop grand aux Chinois ni un affront aux Grecs en rapprochant les produits céramiques de l'un et de l'autre peuple, produits qui demeurent inimitables. Leurs oppositions ne sont pas moins curieuses que leurs ressemblances. J'en signalerai quelques traits, instructifs parce qu'ils expriment toujours un principe, soit déclaré, soit latent.

On remarque d'abord que nulle autre part l'art céramique n'a été d'une fécondité plus variée. Les Grecs ont donné aux vases une foule de noms ; ils les ont appliqués à des usages plus nombreux encore. Ce que nous faisons en bois et en verre, ils le faisaient souvent en terre cuite, depuis les boîtes de toilette jusqu'aux urnes funéraires, depuis les vases à boire jusqu'aux tonneaux destinés au vin. Le tonneau de Diogène était en terre cuite, et la cave de Diomède, à Pompéi, était pleine d'amphores au pied pointu qui s'appuyaient contre le mur. La sculpture faisait cuire également d'innombrables statuettes en argile, des bas-reliefs, des offrandes que les particuliers consacraient dans les temples, des dieux à bon marché pour leurs demeures ou leurs tombeaux. L'architecture, à son tour, demandait aux potiers le couronnement de ses édifices, les chéneaux, les tuiles, les antéfixes, les acrotères, parfois même les figures qui remplissaient les frontons. Dibutade, un Corinthien, avait trouvé, si l'on en croit les Grecs, cette heureuse application de la plastique. En Chine, est-il besoin de rappeler l'emploi multiplié de la porcelaine ? En outre, des statues de toute dimension, qu'il est peut-être téméraire d'appeler des statues, sont ainsi cuites au feu. Quant aux monuments, la Tour de porcelaine nous apprend combien sont considérables les revêtements qu'ils reçoivent. De cette communauté fortuite d'habitudes résultait une nécessité commune. L'argile comme le kaolin sont des matières d'un l'on uniforme ; elles appellent la couleur. Les deux peuples eurent recours à la couleur, et ici commence la différence de leurs systèmes.

Sans porter atteinte aux théories spiritualistes qui président à la science du beau, il faut reconnaître que toutes les branches de l'art subissent jusqu'à un certain point l'influence de la matière qu'elles prétendent dompter. Entre la pensée qui façonne et le corps inerte qui lui résiste, Il y a une conciliation secrète. L'architecte ne construit pas avec le bois comme avec la pierre ; le sculpteur conçoit d'une autre manière le modèle qui sera exécuté en marbre ou celui qui sera coulé en bronze ; le peintre ne peint point sur la toile ainsi qu'il peindrait sur un enduit frais ; à plus forte raison, l'industrie sera-t-elle assujettie aux conditions physiques des substances qu'elle emploie. La porcelaine blanche, d'un grain égal, couverte d'un émail luisant, se chargera des couleurs les plus vives, d'une profusion de détails qui ne sauraient jamais assez détruire sa monotonie éclatante. Telles ne sont point les habitudes de nos fabriques européennes, je le sais ; aussi n'ont-elles pour excuse que des motifs de netteté ou d'économie, motifs estimables, auxquels le véritable goût se laisse fort peu toucher. La terre cuite au contraire est d'un l'on rougeâtre assez triste. Quelle que soit sa finesse, elle n'offre aux couleurs qu'un fond ingrat, grossier même, si on le compare au poli transparent de la porcelaine. La couleur ne peut s'y appliquer sans une épaisseur funeste, et toutes les couleurs n'y conserveraient pas leur valeur. De là un parti de décoration sobre, de la des harmonies austères. Nous sommes accoutumés à prêter aux Orientaux le don de la couleur : il nous semble juste que sous un ciel plus ardent les hommes aient une perception plus intense de la lumière et de ses effets. Van Eyck, Albert Durer et les maîtres flamands ont peint cependant dans les brumes du Nord ; quels artistes de l'Orient les ont égalés pour la splendeur du coloris ? Ne considère-t-on que les étoffes, les meubles, les armes, les produits de l'industrie ? Si nos œuvres paraissent pâles, ce n'est point par l'indigence des couleurs, c'est par leur richesse trop habilement fondue, par leurs nuances multi pliées, par leur timidité, qui craint de heurter le goût. Le rose, le gris, le lilas, mille tons maladifs amortissent l'opposition des couleurs-mères, tandis que les dégradations savantes et le jeu des ombres en éteignent l'éclat. L'Asie au contraire n'emploie qu'un petit nombre de couleurs, mais elle n'aime que les plus vives ; elle les pose crûment, par teintes plates, sans modelé, sans reflets, sans clair-obscur ; elle tire de leur choc naïf une magnificence qui n'a d'autre règle que la fantaisie : ainsi nous charme la gerbe de fleurs que rassemble au hasard une main villageoise.

Voilà le secret de la supériorité des étoffes de Damas, des tapis de Turquie ou des porcelaines chinoises sur nos merveilles affadies. J'en trouve une preuve singulièrement sensible. Les Chinois fabriquent aujourd'hui des vases d'exportation ; initiés à nos procédés et con naissant nos goûts, ils veulent plaire (tant l'amour du gain assouplit les préjugés !), ils veulent plaire *aux démons des mers* : c'est le nom que nous donnent ceux que nous appelons des magots. En peignant les vases qu'ils nous destinent, ils s'efforcent de nous imiter ; ils ont recours aux demi-teintes, aux ombres portées ; ils marient moins témérairement les couleurs et parviennent quelquefois à les fondre. Aussitôt leurs porcelaines perdent toute leur beauté : elles pâlissent, leur aspect devient incertain, leur l'on faux. Les amateurs ne jettent qu'un regard de dédain sur des œuvres que les ateliers comparent, avec une trivialité expressive, à des macédoines de légumes. D'enlumineurs ils ont voulu se faire peintres, et, peintres maladroits, ils renoncent au mérite de la décoration sans pouvoir atteindre au mérite de l'art. Or les Grecs étaient aussi des Orientaux ; enivrés par une belle lumière, épris de la couleur, doués par excellence du génie de la décoration, ils pratiquaient en maîtres les tons crus, les effets simples, les oppositions héroïques. Les ornements de l'architecture grecque, soit sur le marbre, soit sur la pierre revêtue de stuc, étaient alternativement rouges, bleus, jaunes, verts ; l'or seul adoucissait

Section I

par ses reflets chatoyants la vivacité des contrastes. Les fonds d'or des mosaïques byzantines ne sont que le développement de cette tradition. Pourquoi donc, sur les vases, les Grecs se sont-ils contentés d'appliquer un vernis noir, en laissant aux figures le ton naturel de la terre cuite ? Pourquoi ont-ils abandonné assez promptement les habitudes de l'ancien style, qui appliquait çà et là des touches violettes et peignait en blanc le visage, les bras et les pieds nus des femmes ? Une semblable contradiction s'explique par la qualité de la matière : sa surface ingrate eût détruit le charme des couleurs. En cela, l'industrie chinoise est infiniment supérieure à la poterie hellénique. Si les Grecs eussent connu la porcelaine, quels chefs-d'œuvre de véritable peinture ne trouverions-nous pas dans leurs tombeaux !

Réduits à ne tracer qu'une silhouette, leurs artistes s'attachèrent uniquement à la beauté du dessin. Les vases grecs n'offrent, à vrai dire, que des dessins où le sujet se détache du fond par une couleur différente : la couleur n'a même point d'autre but ; mais combien les compositions sont simples, le style grandiose, les lignes pures, le sentiment exquis ! La figure humaine tient la principale place ; la nature est comme supprimée. Quelques traits conventionnels indiquent les détails de la scène. La mythologie, ce riant vêtement des idées abstraites, les amours des dieux, l'épopée, l'histoire elle-même, fournissent des sujets illustres, et d'une variété inépuisable. Tout sert de prétexte pour reproduire sans cesse la beauté d'une race qui s'est proclamée divine en créant les dieux à son image.

Sur les vases de la Chine, l'homme n'a pas plus d'importance que les fleurs, les arbres, les animaux ; il est rendu avec moins d'exactitude, sans aucun souci des principes du dessin. Pour les Chinois, les accessoires sont le principal : les papillons et les fleurs sont leur triomphe ; ils les copient avec une religion digne des enlumineurs de missels. Ils suspendent dans le vide, au mépris des lois de la perspective, kiosques, arbres, ponts et bateaux ; ils gardent toutes les caresses de leur pinceau pour les monstres les plus horribles, minutieux dans les petites choses, négligents dans les grandes, incapables de poursuivre un but plus élevé que les fantaisies d'une imagination puérile. Il serait impossible de rencontrer deux systèmes plus opposés, puisqu'ils atteignent aux deux extrêmes limites de la convention, — l'idéal et la chimère :

l'un amoureux de la forme, l'autre de la couleur ; celui-là rivalisant de noblesse avec l'art, celui-ci tournant volontiers à la caricature ; le premier n'étudiant que l'homme, et répétant les types les plus parfaits, le second ne s'attachant qu'au monde extérieur, plus curieux de couvrir par sa fécondité déréglée la surface entière des vases que de chercher une composition ou sage ou saisissante et belle par la proportion. En un mot, je reconnais d'un côté l'esprit de mesure sans lequel l'art ne rencontre jamais les lois qui le constituent, de l'autre l'esprit d'ostentation qui a toujours été par excellence l'esprit des Asiatiques.

L'appétit naïf des sauvages qui se laissent prendre aux verroteries explique jusqu'à un certain point la passion des Orientaux, qui n'aiment que l'éclat : c'est le même besoin de sensations violentes. La constitution de leurs sociétés a pu développer encore cet instinct. Les rois et quelques seigneurs possèdent toutes les richesses, la multitude n'a rien ; aussi le faste s'étale-t-il au milieu de pauvres qui seraient misérables, si un beau climat ne leur rendait les privations plus douces. Les palais immenses, étincelants de couleurs, revêtus de matériaux rares, s'élèvent à côté de huttes qui ne sont que de la boue séchée au soleil ou des roseaux entrelacés. Les trésors des grands regorgent d'ivoire, d'ébène, de lingots, de pierres précieuses, dont ils cherchent en vain l'emploi ; ils en chargent leurs vêtements, leurs armes, jusqu'aux harnais de leurs chevaux, et apparaissent à la multitude, qui s'agenouille sur leur passage, magnifiques à l'égal des dieux. En toutes choses, l'art n'est appelé que pour ajouter à leur prestige ; il est leur esclave, et ne vise qu'à éblouir. Il y réussit de telle sorte que le goût sévère des Occidentaux eux-mêmes ne peut résister à ses séductions. Nous convoitons, nous payons à prix d'or les étoffes de la Turquie ou de la Perse, les armes de la Syrie, les cachemires de l'Inde, les porcelaines et les mille babioles de la Chine. Tout brille dans les bazars de l'Orient, même les produits les plus vils, qui, à défaut d'autres qualités, ont du moins l'éclat. On se garde d'examiner de trop près une richesse qui n'est qu'apparente, et qui en impose par l'enchantement de la couleur. La raison n'a rien à démêler avec les sensations ; elle abdique, de peur de détruire leur force ; elle se réjouit presque de demeurer confondue en voyant la naïveté d'artisans barbares produire des effets plus puissants que les calculs d'un artiste consommé.

Section I

Beaucoup de personnes préféreront les vases chinois aux vases grecs pour décorer leur appartement. Leur goût est juste, car ce ne sont que des meubles. Les vases grecs appartiennent de droit à nos musées, car ce sont des œuvres d'art. Ils inspirent les maîtres dans la sculpture et la peinture, tandis qu'ils attristeraient par leurs tons austères le boudoir d'une petite-maîtresse ou le salon d'un financier. Chez les anciens cependant, ils étaient la parure de la maison avant d'être la parure des tombeaux. L'intérieur élégant des Grecs, l'*atrium* somptueux des Romains, ne craignaient point leur simplicité grave, parce qu'elle était en harmonie avec l'ensemble de la décoration. Les vases s'enlevaient vigoureusement sur les murs, peints d'une seule couleur, qui leur servaient de fond comme à des tableaux. La lumière perpendiculaire qui inondait les portiques faisait valoir les figures rouges, que l'on distinguerait à peine dans nos appartements sombres, où les tentures contribuent encore à étouffer le jour. Au milieu de la clarté, de l'espace, de la nudité grandiose des demeures antiques, les meubles bariolés eussent été un criant désaccord. Bien plus, les principes qui présidaient à la construction et à l'ornementation des vases répondaient à l'architecture intérieure des appartements. Ils avaient leur plinthe, leur base, leur attique ; les lignes horizontales qui les divisaient en plusieurs zones imitaient les moulures. Il l'avait pour les grands vases des frises, des corniches, des couronnements figurés au pinceau, dont les motifs étaient copiés fidèlement sur l'architecture. Ainsi, dans une civilisation que conduit une raison supérieure, tout se tient, tout se complète ; les détails frivoles rentrent eux-mêmes dans un cadre grandiose. Sans ce cadre, ils ont leur beauté propre, mais il la fait mieux ressortir.

Les vases chinois, réunis dans un musée, deviennent bientôt une étude monotone et stérile. Ceux qui ont visité les caves du palais japonais à Dresde ont peut-être ressenti comme moi cette impression. Le seul intérêt devant les couleurs qui tourbillonnent autour du regard, c'est de chercher une classification historique et de reconnaître, selon les époques, le progrès ou la décadence des procédés. Les vases chinois ne gagnent point à être isolés : ils plaisent surtout dans un appartement brillant d'or et de lumières, dans des serres remplies des fleurs les plus variées. Il leur faut un entourage animé, le choc des tons, le reflet des glaces, le jeu des étoffes, en un mot le désordre d'une élégante fantaisie ; ils apparaissent dans toute leur valeur à l'étalage d'un marchand de curiosités, parmi les dépouilles des cinq parties du monde, tant il est vrai qu'ils ne sont que des meubles à la création desquels le caprice seul a présidé.

Les Chinois sont épris de leurs porcelaines anciennes, ils aiment les raretés, ils aiment surtout celles qui sont devenues introuvables ; cette maladie est de tous les pays. Leur zèle surpasse même celui de nos amateurs, s'il est vrai qu'ils portent à leur bonnet ou à leur cou des tessons informes en guise de pierres précieuses. Ils paient des sommes à peine croyables les contrefaçons des pâtes célèbres. En effet, la finesse, les tons, la transparence, le craquelage de la porcelaine sont tout pour eux. Je doute que les Grecs fussent aussi prodigues, même par passion. S'ils l'étaient, c'est qu'une admirable composition signée de Sosias ou de Pamphée les avait captivés. Par-là se dénote encore la différence profonde des deux peuples : l'un s'attache à l'industrie, c'est-à-dire à la matière ; l'autre à l'art, c'est-à-dire à la pensée. Les Chinois pensent peu devant leurs vases ornés de fleurs, de dragons, de paysages impossibles, de scènes banales ; souvent ces décorations sont dénuées de sens. Les Grecs trouvaient dans leurs monuments céramiques une source féconde de réflexions. Non-seulement ils avaient à deviner les sujets empruntés au monde infini de la mythologie, non-seulement le mérite de l'artiste commandait l'attention pour être discuté, mais sous le mythe se cachait souvent un symbole spirituel ou naïf, doux ou cruel, qui se rapportait aux principaux événements de la vie. Chacun trouvait chez le potier un souvenir, un présent, une allusion aux choses qui le touchaient de plus près. La naissance d'un enfant, ses jeux, étaient représentés avec une poésie charmante ; son éducation dans le gymnase était retracée sous mille formes, tandis que l'autre face du vase lui proposait de glorieux modèles, Castor, Pollux, Hercule. Le vainqueur dans les concours publics trouvait l'image des triomphes les plus divers ennoblie encore par le rapprochement des luttes homériques ou la présence de Minerve. Le poète couronné se réjouissait d'acheter Bacchus entouré de son cortège, Apollon entouré des Muses. Le guerrier, de retour au foyer, contemplait en souriant les combats d'Ajax et d'Achille. La jeune fiancée rêvait au mariage que lui annonçait l'enlèvement d'Orythie, d'Europe ou d'Hélène. Les scènes d'initiation plaisaient à tous ceux qui avaient été admis aux grands mystères ; les malheurs d'Ulysse s'adressaient aux hardis navigateurs. Sur les vases destinés aux festins, les satyres et les bacchantes prenaient leurs ébats ; les boîtes à parfums présentaient aux femmes la tête de Vénus ou les détails gracieux de sa toilette. Les vases funéraires étaient en plus grand nombre : l'idée de la mort s'y déguisait sous les figures les plus propres à en adoucir l'amertume. Le trépas glorieux des héros était un motif familier, parce que la poésie effaçait par son prestige les tristesses de l'heure dernière. Tantôt Jupiter pesait dans la balance la destinée des mortels, tantôt l'Aurore emportait dans ses bras le corps de Memnon. L'apothéose d'Hercule, l'enlèvement de Ganymède, étaient des allégories plus consolantes encore ; les honneurs funèbres autour du tombeau, Électre et Oreste rendant à Agamemnon de pieux devoirs, rappelaient que l'on vivait toujours dans le cœur de ceux que l'on avait aimés. Enfin l'art ingénieux des Grecs donnait aux thèmes les plus généraux une application particulière. Les fables couvraient la réalité, l'humanité se reconnaissait à travers un monde fantastique, et la puissance de l'intérêt personnel prêtait aux sujets esquissés sur les vases la vie, l'éloquence, l'illusion.

Les Grecs étaient ce que les Chinois n'ont jamais été : des penseurs et des peintres. Ils étaient en outre des sculpteurs, tandis que les Chinois semblent avoir pour génie l'horreur de la forme. Est-il besoin de montrer combien l'art céramique se rattache à la sculpture, et combien le sentiment plastique lui est nécessaire ? Que l'on pétrisse l'argile pour en tirer les contours d'une statue ou le galbe d'un vase, il faut le même amour des lignes pures, les mêmes caresses pour la matière, la même volupté au bout des doigts. Je ne prétends point que les Chinois n'aient point inventé de belles formes ; c'est parce qu'ils en ont trouvé quelquefois que je suis d'autant plus sévère pour l'ensemble de leurs œuvres. Cette conclusion paraîtrait uniquement bizarre, si je n'essayais de la justifier par quelques développements.

Dix-huit ou vingt siècles avant la découverte de la porcelaine, la Chine fabriquait des vases de bronze, remarquables par le nombre, la variété, la fonte, les ornements, l'élégance. Dans ce pays, comme dans l'antique Égypte, il faut remonter plusieurs milliers de siècles pour rencontrer la meilleure époque de l'art, car les sociétés sont soumises aux mêmes lois que les individus en vieillissant outre mesure : elles ont beau se rattacher au passé, la décadence les attend. Les plus beaux vases portent les dates de la dynastie des *Chang* (1766-1372 avant Jésus-Christ), de celle des *In* (1372-1122), de celle des *Tchéou* (1122-1248). Leurs formes furent copiées plus tard dans les fabriques de porcelaine. De même la Grèce, avant de façonner l'argile et de la peindre, avait rempli ses temples, ses trésors, ses demeures, de vases en métal. Dans la période féconde, quoique peu connue, qui précède le siècle de Périclès, les artistes les plus célèbres employaient ainsi l'argent et le bronze. Ils exécutaient les cratères magnifiques que les rois de Lydie ou les tyrans de Samos consacraient dans le sanctuaire de Delphes. Corinthe, Délos, Égine, s'enrichissaient par leurs fonderies ; l'école de Sparte, trop oubliée par la postérité, préparait dans ses ateliers tel vase immense, chargé d'ornements et de sculptures, dont le renom s'étendait à l'avance dans le monde grec. Aussi les pirates de Samos se promettaient-ils d'enlever ce royal présent avant qu'il parvînt à Crésus. Tant de chefs-d'œuvre étaient malheureusement destinés à périr. Les matières précieuses, au lieu de leur assurer une éternelle durée, les signalèrent plus tard à la cupidité des barbares. Les vases chinois eurent un autre sort. Recueillis avec une intelligente sollicitude, ils remplissent le musée impérial de Péking ; ils ont été dessinés, décrits, publiés en 1751 dans un grand ouvrage que possède notre bibliothèque de Paris. C'est en parcourant attentivement ces vingt-quatre volumes in-folio qu'on apprécie à sa juste valeur l'instinct plastique des Chinois.

On est frappé tout d'abord par la singulière imagination qui a enfanté des formes innombrables, les plus vulgaires et les plus élégantes, des caprices insensés et des combinaisons heureuses, des monstres hideux et de charmantes arabesques, des contours sans fin et des proportions excellentes. Entre ces deux extrêmes, Il y a toute une série de nuancés ; mais les belles formes sont l'exception. Souvent, quand la décoration est exquise, le galbe du vase est mauvais ; s'il est bon, quelque accessoire fâcheux détruit l'effet des lignes : rien n'est plus rare qu'une œuvre irréprochable. Les cornets seuls doivent à la simplicité de leur principe une correction constante. On remarque avec surprise que parfois les Chinois ont trouvé les mêmes types que les Grecs. Tels vases lagènes, telles amphores, tels cratères, seraient dignes de la Grèce, si une moulure sans style, si des anses grotesques ne gâtaient la pureté du contour. Je me hâte cependant d'ajouter que certaines pièces eussent figuré avec honneur dans les ateliers de Corinthe ou d'Athènes. On conçoit qu'une fécondité déréglée, en essayant de tout, rencontrât quelquefois juste. La fantaisie qui tordait la matière et lui demandait l'impossible en faisait jaillir parfois un éclair subit. De même qu'un malade fiévreux prononce dans son délire des mots sublimes sans en avoir conscience, de même les artistes chinois n'avaient pas conscience des beautés qu'ils venaient de créer. Au lieu de s'y attacher, ils couraient plus loin pour retomber dans les formes bizarres et confuses. Ils portent donc leur propre condamnation. Trouver le beau sans le comprendre, un principe vrai sans en arrêter la formule, c'est la pire des cécités morales ; en toutes choses, l'infériorité de race se trahit.

Ainsi, malgré des ressemblances fortuites, les Grecs et les Chinois sont arrivés aux résultats les plus opposés dans l'art céramique. Les uns ont appliqué leur science du dessin sans y joindre le charme de la couleur, les autres cherchent le jeu des couleurs sans aucun souci de la science du dessin ; les premiers, n'attachant qu'une faible importance à la qualité de la matière, tiraient d'une poignée d'argile des formes admirables ; les seconds, insensibles à la perfection des formes, s'efforcent d'obtenir les matières les plus splendides qui éblouissent le regard à la façon des pierres précieuses. C'est pourquoi les Grecs ont élevé la fabrication de leurs poteries à la dignité d'art, tandis que les Chinois ont laissé leur porcelaine au premier rang parmi les magnificences de l'industrie.

Il n'est pas nécessaire de rappeler combien ces magnificences ont frappé les Européens, dès que le commerce portugais les eut fait connaître. Délaissées ou reprises selon le goût des diverses époques, elles sont aujourd'hui l'objet d'une passion générale ; jamais elle n'ont inspiré de plus dispendieuses folies ; c'est pourquoi l'opinion devait accueillir avec faveur le livre du savant sinologue qui nous a révélé l'histoire de la porcelaine en Chine. M. Stanislas Julien, pour qui la langue la plus difficile du monde n'a pas de secrets, a traduit le travail d'un honnête lettré de King-te-tchin. C'est une compilation sèche, sans talent, où des traités plus anciens sont résumés dans l'ordre le moins attrayant qui se puisse imaginer. L'introduction de M. Julien donne heureusement la clé de cette confusion pleine de méthode. Avec une bonne grâce pour laquelle les lecteurs ne trouveront jamais assez d'éloges, le traducteur a multiplié les tables, les résumés, les planches, afin de nous aider à pénétrer dans le minutieux chaos qu'on appelle un livre chinois. Au milieu de ce chaos toutefois, les détails curieux abondent : j'espère le montrer dans la seconde partie de cette étude, en m'attachant plus particulièrement aux vases chinois.

Section II

La manufacture impériale de King-te-tchin est un bourg immense, où l'on compte plus d'un million d'habitants. Les maisons entassées, les rues étroites, l'activité bruyante de la foule, les tourbillons de fumée et de flamme qui s'élèvent en divers endroits, tout rappelle l'aspect à la fois triste et animé de nos grandes cités commerçantes. « A l'entrée de la nuit, dit un voyageur, on croit voir une ville tout en feu, ou bien une vaste fournaise qui a plusieurs soupiraux. » Là, malgré la cherté des vivres, se pressent les familles indigentes, parce que les moins robustes trouvent de l'emploi. Il n'est pas jusqu'aux aveugles qui n'y gagnent leur vie à broyer des couleurs. Un seul mandarin gouverne cette ruche populeuse, il y maintient un ordre parfait : ce n'est pas le moindre éloge du caractère chinois.

En 1815, le gouverneur de King-te-tchin était un esprit observateur, curieux de pénétrer les secrets variés de la fabrication ; il s'intéressait même à l'histoire d'un art dont l'origine remontait déjà à tant de siècles. C'est pourquoi il engagea le précepteur de son fils à revoir les manuscrits d'un lettré du pays, compilation précieuse, quoique mal rédigée : le mandarin la compare lui-même à une pièce de bois artistement taillée à laquelle manque la couleur et le vernis-, je crois qu'il y manque quelque chose de plus. Cet ouvrage était le résumé d'un certain nombre de publications sur la porcelaine. Il y était question des fabriques disséminées sur tous les points du Céleste-Empire, mais particulièrement de la manufacture de King-te-tchin. Le gouverneur voulut écrire lui-même la préface du livre qu'on allait imprimer. On y reconnaît sans surprise l'exagération d'un courtisan. « Les saints hommes de l'antiquité,[1] en inventant et fabriquant des vases, n'ont eu en vue que l'utilité et l'intérêt du peuple, et ils ont pensé que, dans la confection des ustensiles qui lui servent chaque jour pour boire et pour manger, il n'était pas nécessaire de déployer toutes les ressources de l'esprit et du talent ; mais depuis que notre auguste empereur comble les ouvriers de bienfaits et rétribue libéralement leur travail sans leur imposer de pénibles fatigues, le peuple vit en paix, et son bien-être s'accroît sans cesse ; il travaille avec ardeur, et les vases qui sortent de ses mains ne laissent rien à désirer. La population de King-te-tchm augmente à vue d'œil, et les porcelaines qu'elle produit acquièrent chaque jour plus de finesse et de beauté. Il n'y a personne qui ne fasse tous ses efforts et ne tressaille de joie. »

Le zélé mandarin oublie que ses flatteries seront démenties par les pages qui vont suivre, car les archéologues chinois proclament eux-mêmes que les anciennes fabriques ont élevé l'art à une perfection dont les âges plus récents ont perdu le secret. L'industrie n'a aujourd'hui d'autre ambition que d'imiter les vieux modèles, et elle est loin d'y réussir, tant il est vrai que le progrès et la décadence sont une loi fatale, même chez le peuple qui possède par excellence le respect de la tradition.

Les auteurs chinois s'accordent à placer l'invention de la porcelaine entre l'an 185 avant Jésus-Christ et l'an 87 de l'ère chrétienne. Avant cette époque, la Chine ne connaissait que les vases en terre cuite et en bronze. Telle n'était point l'opinion de savants étrangers qui avaient trouvé des petits flacons en porcelaine dans les tombeaux égyptiens. Les tombeaux remontaient à dix-huit siècles avant notre ère, et, comme les flacons portaient des caractères chinois, Rosellini, Wilkinson, Davis en concluaient que la Chine avait connu la porcelaine dès le temps des Pharaons. M. Stanislas Julien a clairement démontré que les Chinois ont employé successivement six sortes d'écriture dont les dates sont précises. Les signes tracés sur les flacons appartiennent à la quatrième période et furent inventés par un eunuque de l'empereur Youen-ti, de l'an 48 à l'an 33 avant Jésus-Christ ; En outre, M. Medhurst, interprète du gouvernement anglais à Hong-kong, a reconnu que ces inscriptions étaient des vers extraits de poètes célèbres. « Les fleurs s'ouvrent, et voici une

---
1 Traduction de M. Stanislas Julien, p. 120.

nouvelle année, » dit un vase ; « la lune radieuse brille au milieu des pins, » dit un autre. Or les poètes auxquels ces citations sont empruntées vivaient au VIIIe siècle de notre ère, Enfin on peut acheter aujourd'hui dans les magasins chinois des bouteilles exactement semblables : le commerce de la Mer-Rouge les apporte au Caire. M. Mariette, à qui nous devons les fouilles autour du grand sphinx et la découverte du Sérapéum, m'a assuré que les Égyptiens y mettaient de l'antimoine pour peindre les yeux. On devine que les indigènes, pleins de complaisance pour la passion des Européens, garnissent parfois les tombeaux qu'ils veulent leur faire découvrir avec plus de zèle que de discernement. Voyez la révolution que quelques Bédouins ont failli causer dans l'histoire de l'art !

Pendant de longs siècles, le développement de l'art céramique fut assez lent. Les fabriques, qui couvrirent plus tard tant de provinces, étaient peu nombreuses. Attachés aux routines professionnelles, les potiers ne cherchaient que la qualité de la pâte et les teintes les plus heureuses. On ne savait point appliquer des couleurs variées ; le critérium suprême de ces tons uniformes était leur harmonie avec la couleur du thé. Dans la porcelaine jaune, le thé paraissait trop brun, dans la porcelaine brune, trop noir ; on le trouvait appétissant dans la porcelaine bleue, qui lui donnait un reflet vert. Aussi les empereurs se réservaient-ils exclusivement l'usage des pâtes les plus belles. Telle qualité s'appelait porcelaine *de couleur cachée*, uniquement parce qu'il était interdit aux particuliers de s'en servir. Au Xe siècle, un empereur, quelques jours après son avènement au trône, fut respectueusement prié d'indiquer le modèle des vases destinés à son service. Il écrivit sur le placet : « Qu'à l'avenir on donne aux porcelaines la teinte azurée du ciel après la pluie, tel qu'il apparaît dans les intervalles des nuages ! » Les artisans, inspirés par une réponse aussi poétique, créèrent en effet une pâte qui demeura célèbre : « elle était bleue comme le ciel, brillante comme un miroir, mince comme du papier, sonore comme un instrument de musique, d'un lustre et d'une finesse charmante. » — Parfois une légère craquelure en rehaussait le mérite. « Seulement, ajoute l'auteur chinois, la plupart des vases gardaient au pied la terre grossière qui leur avait servi de support pendant la cuisson. » La beauté de cette porcelaine désespéra les imitateurs : on l'appela toujours *le bleu de ciel après la pluie*, et lorsqu'après l'an 1368 on eut cessé d'en fabriquer, les amateurs en recherchaient les moindres fragments pour orner leur bonnet ou leur chapelet. Aujourd'hui les Chinois répètent, avec l'exagération qui leur est familière, que ces tessons éblouissent les yeux comme des pierres précieuses, et que les éclairs qui en jaillissent pourraient détourner une flèche.

La pâte blanche fut vraisemblablement la première en honneur. Celle de Ta-i était renommée dès le VIIe siècle. Le poète Thou-fou adressait à un mandarin une pièce de vers ainsi conçue : « A Ta-i, on fabrique de la porcelaine légère et solide. Quand on la frappe, elle rend un ton plaintif comme les coupes en jade. Les tasses blanches de votre seigneurie effacent l'éclat de la neige. Envoyez-moi promptement une de ces tasses dans mon humble cabinet d'étude. » La sommation est peu discrète, mais les poètes prennent bien d'autres licences. Déjà l'on cherchait des parois minces, sonores, transparentes. La tendance naturelle de la céramique est d'arriver en effet à la finesse et à la légèreté. C'est ainsi que les Grecs s'efforcèrent de donner à leur argile, si inférieure au kaolin, l'épaisseur la moins sensible. On gardait à Erythres, en Ionie, les monuments d'une rivalité généreuse entre un maître et son élève, qui s'étaient défiés un jour, chacun se vantant de façonner la coupe la plus mince. Les produits de cette lutte furent conservés par la ville et proposés comme modèles aux générations qui suivirent.

Quand la qualité de la pâte eut atteint une perfection notable, les ouvriers chinois essayèrent de décorer la surface. Les tasses et les écuelles du pays de Thsin étaient toujours d'un blanc pur, mais elles offraient en même temps des poissons en relief ou des veines imitant les rides de l'eau ; d'autres étaient ornées de dessins qui ressemblaient à de fins rubans ou plutôt à des pattes de crabe. M. Salvetat, chimiste à la manufacture de Sèvres, remarque avec raison, dans les notes qu'il ajoute à la traduction de M. Stanislas Julien, que ce nom de pattes de crabe peut s'appliquer aux vases *à flammes*, tant prisés des amateurs. On admirait surtout les porcelaines qui portaient des traces de larmes. Parfois l'émail avait l'aspect de graisse figée ; la comparaison est peu élégante, mais d'une exactitude toute chinoise. Telle fabrique obtenait des veines semblables à des œufs de poisson, telle autre savait semer des grains de millet et imiter la chair de poule ; plus loin, les pièces étaient déclarées charmantes, si leur émail, couvert d'une multitude de boutons, rappelait la peau rugueuse d'une orange. Dès qu'une bizarrerie heureuse était née du hasard, l'industrie de ce peuple imitateur s'efforçait de la perpétuer. Rien ne montre mieux combien les découvertes étaient parfois imprévues que la naïveté des inventeurs eux-mêmes. Un jour les ouvriers du village de Yong-ho fabriquèrent des vases et les mirent au four. Les vases étaient beaux comme du jade, c'est-à-dire comme des pierres précieuses. Un ministre de l'empereur était dans les environs. Craignant que ce miracle n'arrivât à sa connaissance, les ouvriers murèrent aussitôt l'ouverture et s'enfuirent. La fabrique fut dès-lors abandonnée. La superstition n'était point étrangère à cette terreur, quoique le dieu-martyr de la porcelaine veillât sur ses adorateurs. Potier lui-même, il s'était jeté dans le feu un jour que, faute d'aliments, la flamme défaillante allait faire manquer la cuisson.

Les progrès de la porcelaine blanche aidaient aux progrès de la porcelaine de couleur, puisqu'il suffisait d'appliquer une couleur différente. Rien n'était épargné pour obtenir les tons les plus splendides. On réduisait des cornalines en poudre : quand les Occidentaux eurent poussé leur commerce jusqu'en Chine, on leur payait le bleu de cobalt deux fois son pesant d'or. Les ouvriers en volaient, de même qu'un peintre grec, auquel les couleurs étaient fournies, lavait cent fois son pinceau, afin d'emporter le soir une eau riche en sédiments. Toutefois les empereurs ne se laissaient point décourager. Ils recommandaient avant tout le cobalt qui offrait des points rouges comme du cinabre, ensuite celui qu'émaillaient des étincelles d'argent. L'émail était-il ponctué de bleu ou irisé comme la glace, les vases étaient réservés aux mandarins et s'appelaient *vases des magistrats*. Chaque variété de couleur avait un nom qui en rehaussait la noblesse. Au blanc de clair de lune correspondait le rouge de soleil avant la pluie. Le noir semé de perles jaunes était le privilège de la fabrique de Kien ; celle de Kiun avait le secret de l'émail brun comme de l'encre. Les comparaisons les plus inattendues aidaient à distinguer la délicatesse des nuances. Les amateurs ne confondaient point le bleu d'oignon avec le bleu de prune, ni le jaune d'anguille avec le jaune poil de lièvre. Tel violet avait pour type la peau d'aubergine, tel vert la peau de serpent. Je m'arrête, car la subtilité des critiques se portait des assimilations les plus poétiques aux plus triviales.

L'industrie se soutient par les nouveautés. Les Chinois tiraient parti de tout, et tournaient parfois en beautés les défauts mêmes de la fabrication. Lorsque l'émail se refroidit plus vite que la pâte qu'il recouvre, il tressaille, se fend et forme mille réseaux. C'est ce qu'on appelle craquelage. Les artisans s'attachèrent à produire artificiellement ce désordre ; remplissant ensuite toutes les veines d'une cou leur rouge ou noire, ils obtenaient des dessins aussi charmants que les écailles d'une truite. Les Européens n'admirent pas moins ces accidents heureux, et les paient plus cher qu'une œuvre de talent.

D'un l'on vif et uniforme à des ornements de couleur variée la transition était naturelle. De bonne heure on décora les vases : on y peignait surtout des fleurs bleues. Les fleurs jouent un grand rôle dans la vie des Chinois. Elles sont, avec le vin extrait du riz, leur principale source de jouissances. Elles inspirent leurs poètes ; elles rendent poètes, surtout pendant l'attendrissement d'une légère ivresse, les plus simples lettrés. Une pivoine, un poirier fleuri, bien plus les chatons d'un saule transportent les sensibles Chinois. Leurs comparaisons les plus brillantes sont empruntées aux jardins. La jeune fille est une fleur de pêcher, ses sourcils ressemblent à la feuille du saule printanier, son corps est formé des vapeurs qui s'élèvent le matin sur les arches du pont. Un homme éloquent est la marguerite des haies ; ses vers, s'ils ont sept syllabes, s'appellent des rejetons fleuris qui s'élèvent sept à sept ; il deviendra à coup sûr une plante des jardins académiques, c'est-à-dire un académicien. Le goût des Chinois pour les fleurs est parfois touchant, parfois puéril ; cependant il dénote toujours des âmes douces et qui se contentent d'émotions non cherchées. Leurs poésies et leurs romans trahissent sans cesse ce culte de la nature. M. Théodore Pavie a traduit un conte intitulé *les Pivoines*, dont le héros est un vieillard passionné pour les fleurs. Enlevé par les fées, il devient immortel, parce qu'il a défendu au péril de ses jours un massif de pivoines. Nous ne serons donc point surpris de retrouver dans l'art des Chinois aussi bien que dans leur littérature le reflet de leurs mœurs. Les fleurs tiennent la première place sur leurs vases, de même que la représentation de l'homme tient la place principale sur les vases grecs. Les Hellènes ont fait les dieux à leur image, et les Chinois se jugent volontiers à l'image des fleurs. Si les premiers ont été fort téméraires, les seconds ne sont-ils pas encore plus présomptueux ?

Les vases sont donc couverts d'une profusion de fleurs, tantôt imitées, tantôt fantastiques. Leur flore est infinie parce qu'elle est surtout chimérique, et, pour ne s'épuiser jamais, ces créations ne sont pas moins charmantes. Les essais furent longtemps grossiers, à en croire les historiens. Ils ne citent aucune œuvre distinguée dans ce genre avant la dynastie des Song, qui régna de l'an 960 à l'an 1279. Alors même certaines provinces, dont je n'ose citer les noms trop étranges pour nos oreilles, étaient encore arriérées. Quant aux fabriques célèbres, elles savaient non-seulement peindre les fleurs, mais les mouler, les graver en creux, les ciseler en ; relief. Déjà la convention avait inspiré des types remarquables, et les artisans se plaisaient à reproduire une fleur à grands ramages qu'ils comparaient au phénix volant. Les figures humaines, les scènes de la vie familière, les animaux, les monstres surtout commencent à se mêler au règne Végétal. Tous les efforts cependant se dirigent vers l'éclat des couleurs et la finesse du dessin ; ni les produits de l'art ni les ouvrages des critiques n'attestent le moindre souci de la forme. Les porcelaines de Tiao étaient vantées, il est vrai, pour la beauté de leur forme sous le règne des Song ; mais comme les historiens chinois ne l'expliquent point, qui pourrait deviner ce qu'entend par la beauté des formes un peuple qui n'a jamais eu le sens plastique ? On louait, par exemple, les coupes et les tasses fabriquées à Té-hoa, parce qu'elles avaient les bords un peu aplatis. Les vases d'un artiste nommé *P'ong* plaisaient parce qu'ils étaient étranglés vers le milieu, ce qui les faisait appeler vases à ceinture comprimée. Ici la forme d'une poire, là celle d'un instrument de musique, séduisaient des esprits accoutumés à mettre le bizarre à la place du beau. Je conçois mieux que l'on goûtât des porcelaines minces comme le papier ou celles qu'on nommait coquilles d'œuf. La légèreté doit être un des problèmes de l'art céramique : les Grecs et les Chinois se sont rencontrés sur ce point ; mais ces derniers ne se préoccupent guère que de la finesse, ils s'appliquent aux formes uniquement pour les faire variées, et le besoin de variété les conduit au monstrueux. Leurs critiques sont rarement choqués par la grossièreté des formes, ils le sont plutôt par les inégalités de l'émail. Lorsque l'émail est défectueux, il laisse la porcelaine à nu : alors paraissent ce ; que les Chinois appellent poétiquement des *sourcils entaillés* et des *os découverts,* accidents qui ne leur inspirent que dégoût.

On peut néanmoins regarder la dynastie des Song comme l'époque du progrès déclaré de l'art céramique. Du Xe au XIIIe siècle par conséquent, les fabriques se multiplient, les procédés se perfectionnent, quelques artistes se détachent de la foule des ouvriers : Deux frères, du nom de *Tchang,* deviennent inégalement célèbres, car on distinguait soigneusement leurs œuvres. Celles du *frère aîné* étaient les plus belles : elles étaient extrêmement minces, tantôt couleur de riz, tantôt d'un bleu pâle, et mille veines délicates formaient un réseau d'œufs de poisson. Plus tard on voulut les imiter, sans y réussir. Vers le même temps, les porcelaines de la famille *Chou* furent également de mode : elles étaient ou blanches ou violettes. Le père fabriquait en outre des objets de curiosité, tandis que la fille, de beaucoup plus habile, vendait plusieurs onces d'argent chacun de ses grands vases lagènes. Ainsi le Corinthien Dibutade dut à sa fille l'invention du relief en terre cuite ; Elle se nommait Cora. Son fiancé partait : le soir des adieux, elle voulut conserver des traits adorés et grava sa silhouette sur le mur. Le père en leva l'empreinte avec de la terre et la mit au four avec ses vases. Par ces fables gracieuses, les Grecs combattaient le souvenir des enseignements qu'ils avaient reçus de l'Égypte ou de l'Asie.

Sous la dynastie des empereurs mongols (1260-1328), le mouvement se ralentit. Les souverains n'accordaient plus les mêmes encouragements à l'industrie ; la fabrique impériale de King-te-tchin était elle-même négligée ; on la laissait produire, sous le poids d'un impôt, pour les particuliers. Les empereurs ne demandaient de temps à autre que la porcelaine blanche nécessaire à leur usage. La faiblesse humaine ne se dément dans aucun pays ; peut-être, par une réaction naturelle, voyaient-ils d'un œil froid l'art qu'avaient protégé leurs prédécesseurs. On cite toutefois sous leur règne un artisan déjà nommé, *P'ong,* dont le mérite consistait à imiter certains vases anciens et devenus rares.

Les Ming montèrent sur le trône en 1368. Aussitôt la porcelaine fut remise en honneur : les beautés préparées depuis tant de siècles éclatèrent ; c'est l'âge de la perfection, j'entends cette perfection relative qui ne peut être en Chine que le raffinement. Les pièces de cette période, qui s'étend jusqu'à la fin du XVIIe siècle et coïncide avec notre renaissance, sont prisées sans mesure par les antiquaires chinois. De même qu'on reconnaît les vases fabriqués sous les Song par des marques peintes sous leur pied, — feuille d'acore, fleur de sésame, poissons, clou en saillie, — de même, sous la dynastie des Ming, des marques auxquelles correspondent des dates précises sont peintes au centre des vases : deux lions poussant une boule (1403-1424), deux canards, symbole de l'amour conjugal (1403-1424), un dragon et un phénix extrêmement petits (1426-1435), une poule et ses poussins (1465-1487), une branche d'arbre à thé (1522-1566), des feuilles de bambou (1573-1619). Les savants chinois citent d'autres marques de fabrique sans en fixer la date : des jeunes gens jouant à la balançoire avec des jeunes filles, un lettré devant des nymphéas, un poète devant un chrysanthème. Je pourrais transcrire leurs noms, mais ceux qui essaieraient de les prononcer m'en sauraient peu de gré.

Il est naturel de voir quelquefois sur les vases un reflet des mœurs du temps : l'industrie suit les lois de la mode, auxquelles l'art lui-même se dérobe rarement. Or qui peut dire quelles causes futiles régissent la mode et égarent un peuple entier ? De l'an 1567 à l'an 1572 vécut un empereur fort épris du plaisir. Mon-tsong n'aimait pas seulement le plaisir, il en recherchait les images. Par son ordre, un grand nombre de porcelaines furent couvertes de peintures licencieuses. La contagion fut rapide : pendant plus d'un demi-siècle, jusqu'en 1619, la Chine fut remplie de ces honteux produits. Les bons Chinois avaient trouvé pour les désigner une expression digne de la pudeur anglaise, ils les appelaient *peintures du printemps* ; mais les fabricants ne se plaignirent jamais qu'on en achetât moins dans les autres saisons, ce qui met le printemps hors de cause.

Quelque délicat que soit ce sujet, j'en veux cependant dire un mot qui ne fera rougir personne, car l'artiste, aussi bien que le médecin, peut toucher à tout d'un doigt chaste. Nous avons en Europe des peintures libres apportées de la Chine. Elles représentent quelquefois deux personnages qui ne ressemblent que par un seul point à l'Amour et à Psyché, à Mars et à Vénus dans les filets de Vulcain : ai-je besoin de dire que ce point de ressemblance n'est pas la beauté ? Mais on trouve le plus souvent un magot entre deux belles ; par là nous sommes ramenés aux mœurs de la Chine, ou, pour parler juste, à ses habitudes littéraires. La bigamie n'est point un cas pendable aux yeux des Chinois, ils l'estiment même (on ne saurait pousser plus loin la galanterie) une condition de bonheur parfait ; je suppose, bien entendu, que leurs romans sont l'expression sincère de ce qu'ils rêvent. Dans les romans, deux jeunes filles s'aiment tendrement, elles se promettent d'épouser le même mari, afin de ne jamais se quitter. Pendant ce temps, le héros, qui est toujours un jeune bachelier, les rencontre séparément, les aime d'un amour égal, quoique différent. Après mille traverses, les trois amans sont réunis par le même mariage, ils vivent dans une harmonie admirable : Pythagore les eût comparés aux trois côtés d'un triangle équilatéral. Le roman des *Deux Cousines*, traduit par M. Abel Rémusat, est la démonstration la plus remarquable de cette subtile théorie. Le rapport qui existe entre les débauches du pinceau et les créations idéales de la littérature prouve une fois de plus combien les arts et les lettres se tiennent par des liens étroits.

Une autre mode, beaucoup plus innocente, fit fureur dans la première moitié du XVe siècle. On était passionné pour les combats de grillons ; les Athéniens le furent bien pour les combats de coqs et de cailles ! Les Chinois avaient la patience de dresser leurs grillons, de même que certains spéculateurs européens dressent de petits insectes qu'ils nourrissent de leur sang. De l'an 1426 à l'an 1437, un fabricant nommé *Lo* ornait ses coupes de grillons belliqueux. À la même époque, deux sœurs de la famille *Siéou* surent profiter aussi de l'engouement public ; seulement, au lieu de peindre leurs noirs lutteurs, elles les ciselaient dans la pâte. De l'an 1468 à l'an 1487, on signale encore deux ouvriers qui excellaient à représenter une poule avec ses poussins, pleins de vérité et de mouvement. *Kao-than-jin* les peignait sur des jarres, *Ko-tchou* sur des tasses à boire. La variété des formes, la finesse du travail, la pureté des couleurs, recommandaient les produits de ces artisans.

Déjà cependant les fabricants de porcelaine cessent de chercher l'originalité ; ils s'attachent à imiter les anciens modèles. Le XVIe siècle est le temps de ces patientes contrefaçons ; c'est aussi la limite d'une perfection qui tourne insensiblement à la décadence. Un art qui ne regarde que son passé oublie bientôt son avenir. Tous les artisans qui acquirent alors une grande renommée la durent à la fidèle reproduction des anciens vases. On accourait, disent les historiens, de toutes les parties de l'empire, pour acheter leurs porcelaines, et celles qui copiaient la haute antiquité, c'est-à-dire les vases antérieurs à la dynastie des Song, et celles qui copiaient la moyenne antiquité, c'est-à-dire les vases postérieurs à cette dynastie. Le vénérable *Tsouï* (1522-1566) prétendait continuer les traditions du XVe siècle ; *Ngéou* (1573-1619) au contraire se proposait pour modèles les vases du *frère aîné*, les *porcelaines des magistrats*, et celles de Kiun. Un vieillard du nom de *Ou* suivait son exemple (1573-1619). Ses vases eurent une vogue prodigieuse ; sous leur pied, il gravait ces mots en guise de signature : *Le religieux Ou qui vit dans la retraite*. Le goût des contrefaçons se répandait dans le public à mesure que l'habileté des imitateurs était plus grande. On achetait au poids de l'or les vases d'un original nommé *Tchéou*, faussaire tellement adroit qu'il trompait les plus fins connaisseurs. Il aimait à porter lui-même ses porcelaines chez les antiquaires, mais en les avertissant, à la différence de nos faussaires européens. Un jour il rendit visite à un personnage considérable qui était président des sacrifices. Il lui demanda la permission d'examiner à loisir un trépied-cassolette très-ancien qu'il savait en sa possession. Il en prit la mesure avec la main, appliqua un papier humide pour lever l'empreinte des veines, et se rendit à King-te-tchin. Six mois après, il reparut : tirant de sa manche un trépied semblable, il l'offrit au président, qui ne pouvait croire que ce fût une copie. Plus tard, un amateur forcené donna 25,000 francs de la pièce fausse, l'obtint, et, plein d'allégresse, s'enfuit avec son trésor.

Ni les Saxons ni les Français n'auraient bonne grâce à critiquer l'imitation littérale qui préside depuis trois siècles à la fabrication des porcelaines chinoises. Meissen et Sèvres ont suivi les mêmes errements. Les Grecs également reproduisaient avec une prédilection marquée leurs vases d'ancien style. La manufacture impériale de King-te-tchin en soumettant ses ouvriers à une règle étroite, contribua à éteindre toute initiative. Là, chacun a sa tâche, comme dans nos fabriques d'horlogerie chacun a sa pièce et n'en fait jamais d'autre. L'un grave à la pointe, l'autre émaille ; celui-ci esquisse le sujet, son voisin peint une certaine espèce de fleurs, un troisième peint les animaux, un quatrième les nuages et les montagnes ; les ornements sont appliqués par un cinquième. Un vase passe par dix mains avant d'être achevé, et l'intelligence n'a aucune part dans cette œuvre tristement morcelée. Aussi l'imitation est-elle le principal caractère de cette manufacture, qui est au reste de la Chine ce que Sèvres est aux fabriques particulières de la France. L'historien de King-te-tchin a pu consacrer un livre entier à l'énumération des porcelaines qui y sont imitées. On sait tout copier, même les émaux byzantins, les émaux de Limoges, les vases arabes. On s'est plié à notre goût occidental, et l'on fabrique aussi mal que possible des vases destinés aux *diables des mers*. Il paraît que pour eux c'est toujours assez bon. En cela, les Chinois sont à la hauteur de notre commerce d'exportation ; mais j'admire la naïveté de l'auteur chinois, qui, après avoir exposé les règles de la fabrication de la porcelaine, finit par cette réflexion péremptoire : « Du reste, tout le mérite consiste à bien imiter la nature. » Est-il au contraire un art plus éloigné de la nature que l'art chinois ? En est-il un plus conventionnel ? Et ce sont précisément ces bizarres conventions qui font la beauté de ses meubles et de ses porcelaines ! En terminant, je ne saurais en faire un plus grand éloge, mais cet éloge a besoin d'être justifié.

L'industrie est une dépendance de l'art. Elle s'y rattache, elle vit de ses reliefs, elle lui doit souvent sa grandeur ; mais il faut qu'elle conserve le caractère qui lui est propre. Les artistes peuvent descendre jusqu'à elle : Raphaël a dessiné des modèles pour les tapisseries d'Arras et les plats de Faenza. Quant à l'artisan, il se perd, s'il prétend créer à la manière des artistes. Vos statuettes sculptées dans le bois par les montagnards de la Suisse, ou dans l'ivoire par les pêcheurs de Dieppe, vos figures de cire, parure des places publiques, vos chevaliers sur les pendules, vos chiens et vos chats brodés sur le canevas, vos paysages sur les papiers peints me font tout simplement horreur. Dès qu'on imite la nature, on fait de l'art, et l'art a des exigences suprêmes. Les essais d'un ouvrier ne peuvent toucher que par leur naïveté, comme les dessins des écoliers sur leur rudiment. A-t-il du talent, qu'il devienne peintre ou sculpteur ; veut-il rester dans l'industrie, qu'il ne profane point, par de plates caricatures, les œuvres du Créateur. L'industrie a son domaine privilégié, où elle ne craint plus une comparaison qui l'écrase : ce domaine est sans limites, c'est la fantaisie. Dès-lors elle n'évoque plus les jugements sévères de notre raison : elle ne peut que satisfaire notre goût et provoquer ses caprices ; Peignez sur vos tentures des fleurs impossibles ; que les pétales soient vertes, les feuilles rouges, la tige dorée, peu m'importe si les dessins sont légers et les tons harmonieux. Mon regard erre avec plaisir sur un tapis couvert de rinceaux fantastiques ; il en suit les enroulements sans chercher à se les expliquer : la beauté du tissu et la richesse des couleurs suffisent pour le charmer. Travaillez l'ivoire comme une dentelle, faites porter vos meubles par des monstres et des chimères, sculptez sur vos portes et vos cheminées des ornements dont le type m'échappe, aussi bien que le fil de ses idées échappe à l'homme qui rêve ; vous ne parlez plus qu'à mon imagination, toujours prête à vous suivre, et qui n'a d'ailleurs d'autre critique que cet instinct fugitif et variable, cette fleur de sentiment qu'on appelle le goût : tel meuble est de bon goût, il est de mauvais goût… Voilà la seule formule de mes arrêts, dès que vous ne prétendez plus ressembler à l'art. Encore n'oserai-je insister, parce que l'objet qui m'a déplu plaira peut-être à mon voisin ; il plaira même à tous mes voisins, si la mode l'ordonne, la mode, cette sotte qui conduit tant de gens d'esprit.

On conçoit donc par quel secret prestige les porcelaines chinoises ont séduit les Occidentaux à diverses époques et en tous pays. Elles ne se recommandent pas seulement par la finesse de la pâte, par l'éclat des couleurs, par la beauté de l'émail, par la variété des formes, qui touche parfois, hélas ! à la difformité. Quoique toutes ces qualités soient le but principal d'une industrie, les vases chinois ont un mérite plus grand encore : ici la décoration est de pure fantaisie. Jamais naturaliste ne parviendra à déchiffrer la flore infinie que le pinceau des Chinois a créée ; les monstres et les oiseaux magnifiques s'entremêlent dans le plus grand désordre ; les ornements, au lieu d'être comme les nôtres d'une régularité géométrique, se rient de la règle et du compas ; les paysages sont suspendus dans le vide, les ponts et les rivières se perdent dans les nuages, les arbres n'ont jamais existé dans la nature, les personnages eux-mêmes sont traduits d'une façon tellement libre qu'ils n'appartiennent plus à l'humanité. Ils semblent inventés uniquement pour orner les vases et les meubles ; la langue française rencontre juste en les appelant, par une locution familière, des *Chinois de paravent*. L'art n'a rien à

Section II

de mêler avec ce monde où l'imitation n'est qu'un jeu, où tout est pour l'effet, où l'on se promène comme à travers un songe. Aussi, dans ce genre, la Chine a-t-elle élevé l'industrie à un degré que nous n'avons jamais pu atteindre. Plus les produits de nos manufactures de porcelaines sont élégants, riches, décorés avec une méthode claire et un art précis, plus ils nous laissent froids. Je ne parle point de ceux que peignent des artistes de profession ; ce ne sont plus des vases, ce sont des tableaux sur porcelaine. Néanmoins l'industrie proprement dite s'égare parce qu'elle se croit un art, parce qu'elle copie des fleurs vraies, des animaux vrais, des compositions sages, et met un peu d'or sur de tristes fonds blancs. J'aurais mauvaise grâce à prêcher ma théorie, car chaque peuple a son génie propre. Je regrette seulement, quand je vois nos porcelaines, que nous ne prenions pas quelques leçons des Chinois.

www.ingramcontent.com/pod-product-compliance
Lightning Source LLC
Chambersburg PA
CBHW050252230526
45470CB00005B/2234